La palabra **HURACÁN** proviene de Hurakán, el dios maya de las tormentas.

El viento silba, llueve intensamente y las olas se estrellan con violencia contra la orilla. Una peligrosa tormenta giratoria se ha formado sobre las aguas tropicales y el huracán toca tierra.

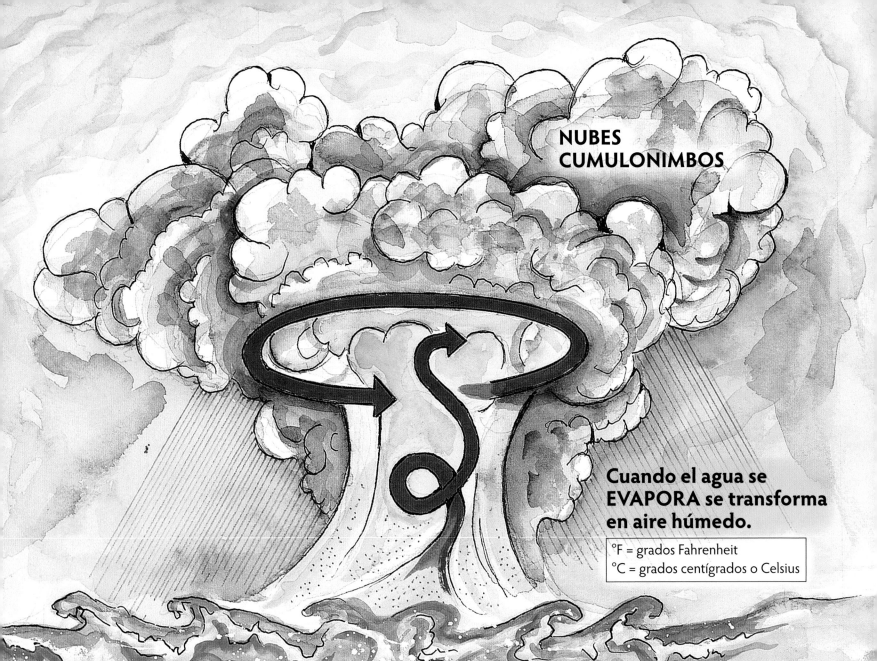

NUBES CUMULONIMBOS

Cuando el agua se **EVAPORA** se transforma en aire húmedo.

°F = grados Fahrenheit
°C = grados centígrados o Celsius

Los huracanes se forman en aguas tropicales. El agua caliente se evapora y sube a la atmósfera. El aire cálido y húmedo asciende en espiral, creando una corriente de aire que absorbe más humedad. Si la temperatura del agua es superior a 80 °F (26.6 °C), el ciclo continúa. Los vientos aumentan y, a medida que el aire húmedo se eleva, se forman grandes nubes cumulonimbos.

¡HURACANES!

Edición actualizada

GAIL GIBBONS

Holiday House  New York

Al "Huracán" Donna

Un agradecimiento especial a Eric Evenson, del Servicio Nacional de Meteorología, South Burlington, Vermont, y a Chris Vaccaro, de la Administración Nacional Oceánica y Atmosférica.

Spanish translation by María A. Cabrera Arús
All Rights Reserved
HOLIDAY HOUSE is registered in the U.S. Patent and Trademark Office.
Printed and bound in November 2023 at Toppan Leefung, DongGuan City, China.
www.holidayhouse.com
First Spanish Edition
Originally published as *Hurricanes!* by Gail Gibbons.

3 5 7 9 10 8 6 4 2

Cataloging-in-Publication data is available from the Library of Congress

ISBN: 978-0-8234-5213-2 (Spanish paperback)

La **CONDENSACIÓN** *se da cuando el aire húmedo y caliente se enfría y se convierte en lluvia.*

El aire que sube aumenta la corriente ascendente. La humedad de la atmósfera produce nubes cumulonimbos cada vez más grandes, cargadas de agua. El aire gira con más fuerza y se forman grupos de cumulonimbos cada vez mayores. La condensación provoca lluvias. Cuando la velocidad del viento alcanza 74 mph (119.1 km/h), la tormenta se clasifica como un huracán.

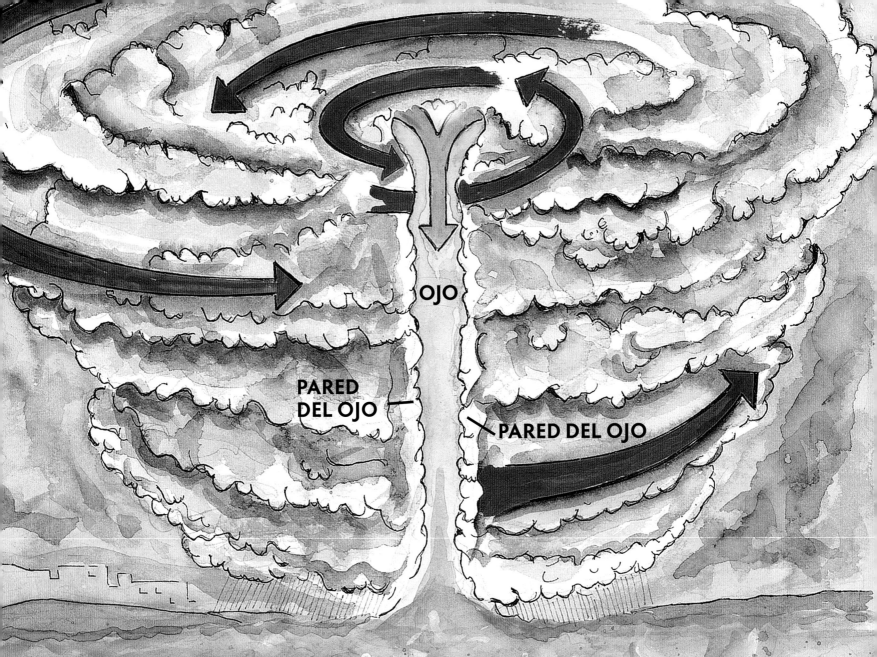

OJO

PARED
DEL OJO

PARED DEL OJO

La mayoría de los huracanes tiene entre 100 millas (160.9 kilómetros) y 300 millas (482.8 kilómetros) de diámetro. El centro del huracán se llama ojo. En él no hay viento ni nubes. El ojo puede medir entre 10 y 20 millas (16.1 y 32.2 kilómetros) de diámetro. Los vientos más fuertes del huracán se encuentran alrededor del ojo de la tormenta, en la zona llamada pared del ojo.

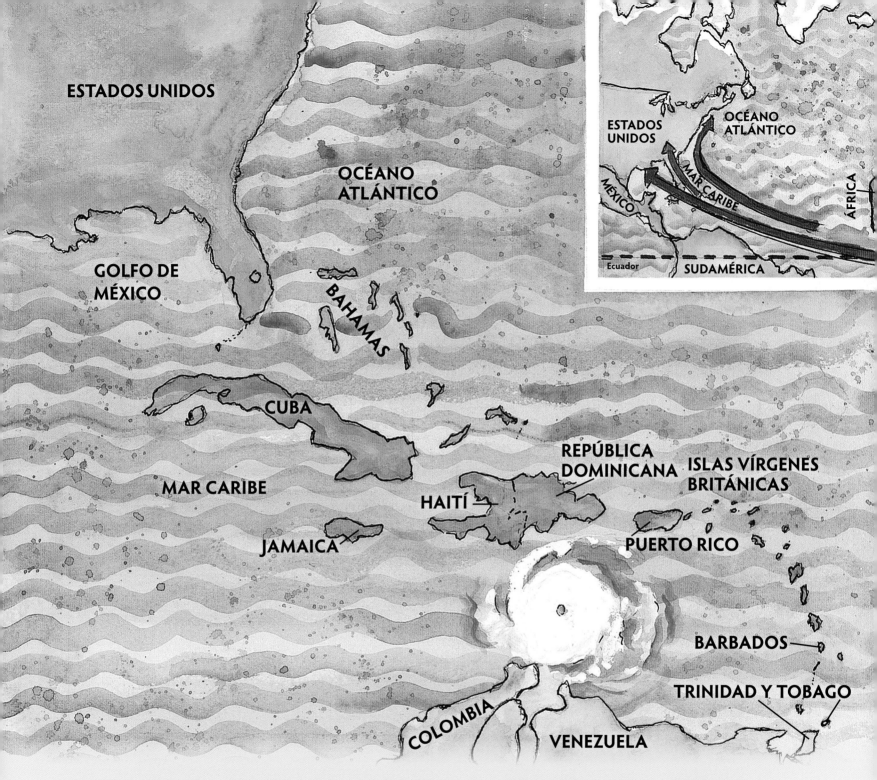

La mayoría de los huracanes se forma sobre el océano Atlántico, al norte del ecuador. Suelen durar cerca de una semana y a menudo se desplazan hacia el oeste.

Muchos huracanes han devastado ciudades y pueblos con sus fuertes vientos. Suelen producir lluvias torrenciales e inundaciones. Las marejadas ciclónicas son enormes muros de agua que se forman en el mar y arrasan con todo a su paso. A veces han cambiado incluso la línea costera.

OCÉANO ATLÁNTICO

GOLFO DE MÉXICO

FLORIDA

Miami

El CENTRO NACIONAL DE HURACANES de Estados Unidos se encuentra en Miami, Florida.

Los **METEORÓLOGOS** son científicos que estudian el clima.

En 1972, Herbert Saffir y Robert Simpson crearon la escala de huracanes Saffir-Simpson. Esta escala clasifica los huracanes en categorías del 1 al 5, según la intensidad del viento. Los satélites, las observaciones y los modelos informáticos ayudan a los meteorólogos del Centro Nacional de Huracanes a predecir el impacto de un huracán que se aproxima.

HURACANES DE CATEGORÍA 1

Los huracanes de categoría 1 tienen vientos con velocidades de entre 74 mph (119 km/h) y 95 mph (153 km/h).

Suelen causar daños a árboles y construcciones pequeñas.

HURACANES DE CATEGORÍA 2

Los huracanes de categoría 2 tienen vientos con velocidades de entre 96 mph (154 km/h) y 110 mph (177 km/h).

Suelen producir inundaciones en las carreteras costeras, y daños moderados.

HURACANES DE CATEGORÍA 3

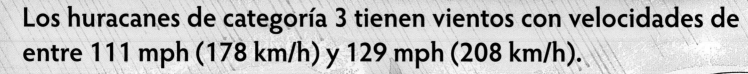

Los huracanes de categoría 3 tienen vientos con velocidades de entre 111 mph (178 km/h) y 129 mph (208 km/h).

Pueden arrancar árboles de raíz y arrastrar coches grandes
y camiones. Producen daños considerables en edificios y
embarcaciones.

HURACANES DE CATEGORÍA 4

Los huracanes de categoría 4 tienen vientos con velocidades de entre 130 mph (209 km/h) y 156 mph (251 km/h).

Causan una gran destrucción. Ocasionan daños muy graves a los edificios y destruyen carreteras y puentes. Azotan y arrojan a tierra las embarcaciones como si fueran juguetes.

HURACANES DE CATEGORÍA 5

Los huracanes de categoría 5 tienen vientos con velocidades superiores a 157 mph (252 km/h). Se han llegado a registrar vientos de más de 200 mph (321 km/h).

Ocasionan grandes inundaciones y devastación.

LOS HURACANES TOCAN TIERRA...

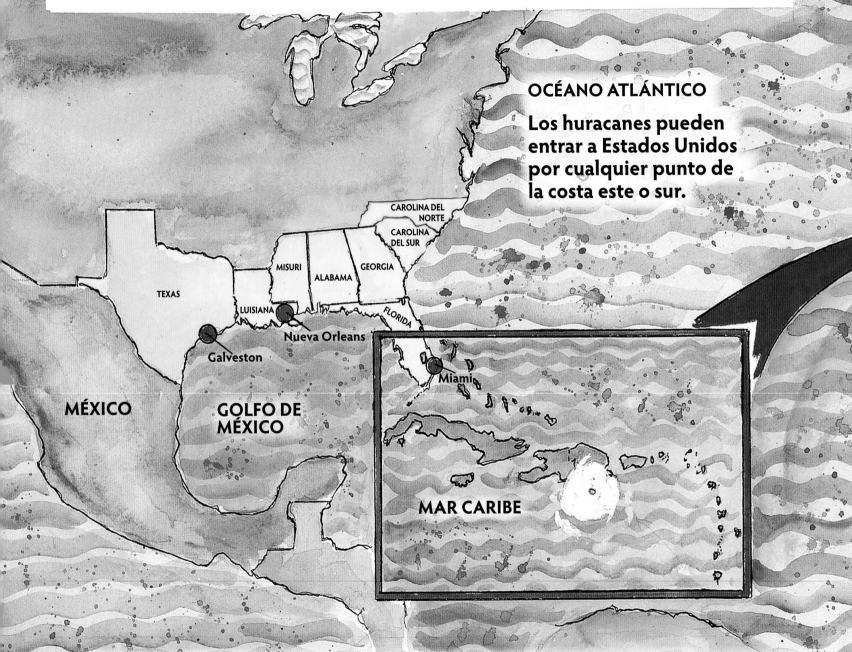

OCÉANO ATLÁNTICO

Los huracanes pueden entrar a Estados Unidos por cualquier punto de la costa este o sur.

CAROLINA DEL NORTE

CAROLINA DEL SUR

MISURI

ALABAMA

GEORGIA

TEXAS

LUISIANA

FLORIDA

Nueva Orleans

Galveston

Miami

MÉXICO

GOLFO DE MÉXICO

MAR CARIBE

La mayoría de los huracanes ocasionan daños en el Caribe y las costas del Golfo, y en el sudeste de Estados Unidos.

SUDAMÉRICA

ECUADOR

La mayoría de los huracanes son de categoría 1 o 2. Los huracanes de categoría 5 son inusuales y tocan tierra una vez cada cinco años como promedio.

ALGUNOS HURACANES HISTÓRICOS

GALVESTON, 8 de septiembre de 1900

TEXAS

Galveston

MÉXICO

GOLFO DE MÉXICO

En 1900, Galveston era la mayor ciudad de Texas. El 8 de septiembre, un enorme huracán la azotó. La marejada ciclónica alcanzó 20 pies (6.1 metros) de altura. El huracán destruyó completamente la ciudad, causando la muerte de unas 12,000 personas. Los científicos lo clasificaron posteriormente como un huracán de categoría 5.

HURACÁN ANDREW, 24 de agosto de 1992

GOLFO DE MÉXICO

FLORIDA

OCÉANO ATLÁNTICO

Miami

Tras cruzar las Bahamas, el huracán Andrew tocó tierra en Florida, al sur de Miami, con vientos de hasta 195 mph (313.8 km/h). En su momento, fue el huracán más costoso de la historia de Estados Unidos. La mayor parte de los daños que causó se debieron a sus fuertes vientos. Fue clasificado como categoría 4, pero más tarde se le clasificó como huracán de categoría 5.

HURACÁN KATRINA, agosto de 2005

El huracán más destructivo de la historia de Estados Unidos fue Katrina. Se formó en las Bahamas y atravesó el sur de Florida como un huracán de categoría 1. El 29 de agosto volvió a tocar tierra al noreste de Nueva Orleans como un poderoso huracán de categoría 3.

EVACUAR significa salir a buscar refugio en otro lugar.

RUTA DE EVACUACIÓN

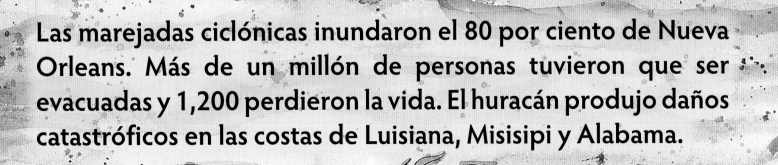

Las marejadas ciclónicas inundaron el 80 por ciento de Nueva Orleans. Más de un millón de personas tuvieron que ser evacuadas y 1,200 perdieron la vida. El huracán produjo daños catastróficos en las costas de Luisiana, Misisipi y Alabama.

PREDICCIÓN Y SEGUIMIENTO DE LOS HURACANES

SATÉLITE METEOROLÓGICO

Los meteorólogos obtienen información sobre los huracanes a través de diversas fuentes. Los satélites miden el tamaño de los huracanes y pueden ayudar a determinar su velocidad y dirección de desplazamiento.

Un avión atraviesa el lado de un huracán, pasa por el ojo y sale por el otro lado.

Los cazadores de huracanes son miembros de la Reserva de la Fuerza Aérea.

U.S. AIR FORCE

A los pilotos de avión que atraviesan los huracanes se les conoce como cazadores de huracanes. Sus aviones lanzan instrumentos especiales para medir la velocidad del viento, la temperatura, la presión atmosférica y la cantidad de humedad de las nubes.

Se recopilan todos los detalles de la tormenta y se introducen en computadoras. Así los científicos pueden crear un modelo informático para predecir la trayectoria, el tamaño y la fuerza de la tormenta.

Un AVISO DE HURACÁN informa a los habitantes de una zona que un huracán podría azotar su región en un plazo de 48 horas.

Una sola bandera significa ALERTA DE TORMENTA.

Una ALERTA DE HURACÁN informa que es probable que un huracán azote la región en un plazo de 36 horas.

Dos banderas significan ALERTA DE HURACÁN.

Estas predicciones ayudan a determinar si una zona tendrá que ser evacuada. El Centro Nacional de Huracanes emite avisos y alertas de huracán, que se transmiten por radio, televisión, internet y dispositivos móviles. La Guardia Costera Estadounidense iza las banderas correspondientes.

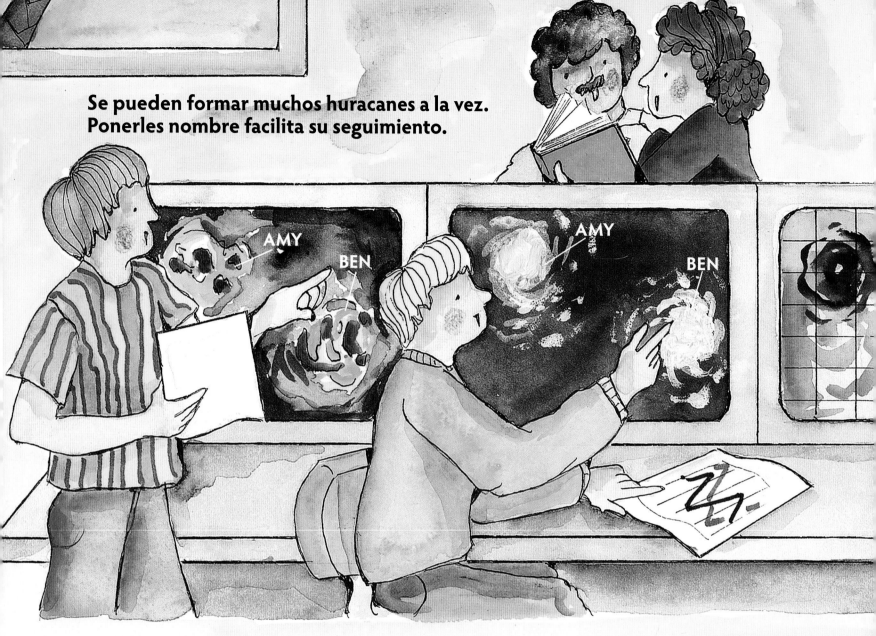

Se pueden formar muchos huracanes a la vez. Ponerles nombre facilita su seguimiento.

En 1953, los meteorólogos comenzaron a ponerles nombres de mujer a los huracanes. La primera tormenta de la temporada recibía un nombre que comenzaba con la letra A, la segunda tormenta, un nombre que comenzaba con la letra B, y así sucesivamente. En 1979 se empezaron a utilizar también nombres de hombres. Los nombres de algunas de las peores tormentas, como Andrew y Katrina, no volverán a utilizarse.

CUANDO SE ACERCA UN HURACÁN...

Prepara un plan de evacuación. Todos deben conocer la ruta.

Cubre las ventanas de tu casa con madera, para evitar que los cristales salgan despedidos.

Ten a mano una radio de baterías para que puedas escuchar las alertas.

En caso de evacuación, desconecta la electricidad de la casa.

Elige a una persona fuera de la zona afectada por el huracán para que informe sobre ti a los demás miembros de la familia.

Protege a tus mascotas.

Recoge y guarda los objetos sueltos que pueda haber en tu patio. Pueden ser proyectiles peligrosos si los arrastran vientos fuertes.

BUSCA LA AYUDA DE UN ADULTO.

Asegura los suministros básicos para la familia.

✓ AGUA
✓ ALIMENTOS NO PERECEDEROS
✓ LINTERNA
✓ PILAS NUEVAS
✓ KIT DE PRIMEROS AUXILIOS
✓ RADIO DE BATERÍAS
✓ ROPA PARA LA LLUVIA

MÁS DATOS INTERESANTES...

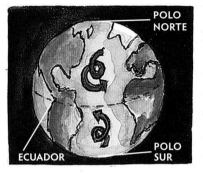

Al norte del ecuador, los huracanes giran en sentido contrario a las agujas del reloj. Al sur del ecuador, giran en el sentido de las agujas del reloj.

La tormenta más letal que se haya registrado es un ciclón que azotó Bangladesh en 1970. Murieron más de 300,000 personas.

Los ciclones son tormentas similares a los huracanes, que se forman en el océano Pacífico occidental.

Cuando un huracán se está formando sobre el océano, pueden evaporarse unos dos mil millones de toneladas (1,800 millones de toneladas métricas) de agua al día.

Los tifones son tormentas parecidas a los huracanes, que se forman en el océano Índico.

SITIOS WEB

En Estados Unidos:
http://www.hurricanes.gov

Visita www.Ready.gov para obtener información sobre medidas de seguridad de la Agencia Federal de Gestión de Emergencias (FEMA).

Estas señales indican la ruta de evacuación.